BL RSE

BY BRIAN

My ISBN number is
978-1-3999-9859-8
Publisher name
Scrie publishing
Distributer
Doric Books.

FOREWARD

Fit like. It wis afa gweed o ye te buy ma beukie.

I wis richt lucky te be brocht up wi' e Doric bein at skweel at Methlick, Kintore and Laurencekirk. I syne workit in e toon (Aiberdeen) and Peterheid afore I retired.

I started screivin poetry in 2015 bit it wis ma second poem 'TWA DIFFERENT LOONS' in 2021 aat got ma goin fin I wis lucky eneuch te win e Robbie Shepherd Quaich for open written poetry at e Buchan Heritage Society Strichen Festival.

I wis presented wi e quaich b' e great man 'imsel and aa that made me realise e importance o' keepin e Doric alive. Since 2021, I've written a gweed number o' poems, fifty o' them are in this beukie.

I wis again afa pleased te hae e Quaich back hame again this year for ma poem 'E QUINE WI' E TOUSLED HAIR'

I hope ye aa enjoy readin e poems.

BRIAN THOMSON

ACKNOWLEDGEMENT

I wid like te thank E Buchan Heritage Society for their Strichen Festival Competitions aat got ma started screivin. Also Jackie Ross o' Doric Books for aa her help an' advice. Aa ma Faimly for their help and encouragement in getting e book aff e grun, and in particular Ian Ireland for ees kind sponsorship.

Aa profits fae this beuk 'll be gan te
Alzheimer Scotland and Prostate Scotland.

BRIAN THOMSON

12 DAYS O' CHRISTMAS

On the first day o' Christmas my true love gave to me
a buttery and a cup o' tea.

On the second day o' Christmas my true love gave to me
twa mince pies and a buttery and a cup o' tea.

On the third day o' Christmas my true love gave to me
three pigs in blankets, twa mince pies and a buttery and
a cup o' tea.

On the fourth day of Christmas my true love gave to me
fower cans 'o beer, three pigs in blankets, twa mince pies and
a buttery and a cup o' tea.

On the fifth day of Christmas my true love gave to me
five bi-ig drams, fower cans o' beer, three pigs in blankets, twa
mince pies and a buttery and a cup o' tea.

On the sixth day of Christmas my true love gave to me
six roast tatties, five bi-ig drams, fower cans o' beer three pigs in
blankets, twa mince pies and a buttery and a cup o' tea.

On the seventh day of Christmas my true love gave to me
a hurl te the infirmaree.

On the eight day of Christmas my true love gave to me
a visit te the mortu-aaree.

On the ninth day of Christmas my true love gave to me
flowers at the cemeter-ee.

The tenth elivinth and e twelfth I didna really see,
I wish I'd ca'ad caaanie.

A SKEIN O' GEESE

I steppit ootside, I'd jist finished ma fly
Fin e soon o excitement came doon fae e sky.
I lookit abeen thinkin fit cwid aat be?
A skein o' geese in a muckle great 'V'.

Ivery ane workin hard, ivery ane at it's station,
In e blink o an ee, they changed their formation.
They aa pull their weicht like oarsmen at sea,
Wings beatin as ane as onwards they flee.

They dinna ain land, they've got nae possessions,
If we cwid tak heed an' learn their lessons.
An help oot e sowls aat are in e maist need,
An nae langer thole man's obsession wi' greed.

It jist maks ye think as ye're watchin them fleein,
Is it really e case we're superior beins?
Fin we pick up a gun fin a skein flees on by,
An' blast livin craturs fae oot o e sky.

So you wi e gun if ye reincarnate,
Micht come back as aat birdie an' meet e same fate.

AAL FAITHR TIME

Aal faither time a pooer sublime, ye fairly are e maister,
Er's times ye're slaw an hake awa an times ye kneip on faister
Athoot ye far wid we aa be, there micht be nae existence,
Nae time te thrive, nae time te dee, athoot yer stoot persistence.

Oh te ging back an cheenge oor lives, we niver get aat chance,
Ye gie us ae throw o' e dice and onward ye advance.
Sae let's embrace aal faither time, in times aats bricht an rosie,
Sae we micht reest an sup yer wine and slumber in yer bosie.

ALIENS VISIT THE MAINS

E baillie wi' besom in hand wis swipin doon e greip,
E orra loons palaverin, playin fitba wi' a neep.
Oot o' e haar appeared a thing, a shiny new machine,
It landed on e close e loons cwid scarse believe their een.

Oot steppit twa wee mannies, wi' coats o' bonnie green,
Jock said, "Are you twa billies lost? hiv ye come doon fae e meen?
An michty if ye're faimished, can we gie ye ony maet?
If ye've trevelled aa aat wye, ye jist micht wint te ett"

E mannies gave a puzzled look and got back in their craft,
They cwidna understand a wird an' thocht they micht look daft.
The craft jist vanished fae e close, awa inte e fog,
E mannies heided hame an' started writin up their log.

Baith o' them were hungry, they'd run oot o' cosmic breed,
Bit ane o' them wis cliver and hid pickit up e swede.
The auto pilot wis pit on and afore they went te sleep,
They microwaved their denner, twa plates o' chappit neeps.

As they trevelled hamewards, they left ahin e fog,
'Is is fit e Captain screived in his Captain's log
'We found some clever people in a most peculiar land,
They have a language of their own we do not understand'.

BENNACHIE IN EARLY SPRING

At Bennachie it's jist pure gold te watch e season spring unfold,
Te dauner up e Larick trail, e Mither Tap I micht jist scale.

E Larick graens in a cweel breeze, sunsheen skyrin throw e trees,
Throw e stanes as up I styter, in a peel e puddocks splyter.

Doon e hill e burn rummels, te a pot e water tummels,
I spy a trootie, it sees me, in aneth e bank it flees.

Tits an' Finches sing their sangs, abeen as I stravaig alang,
I'm breathin hard I'm nae se young, rossit smell fills up ma lungs.

I doot I'll hae te turn back, I'd reach e tap if I wis swak,
I tell mysel I'm nae a loon, fit gings up maun come doon.

I Stop a file tak in e pleasure, we get fae Bennachie oor treasure.

BENNACHIE

Oh Bennachie, Oh Bennachie ye're sic a couthy chiel te me,
Ye've stood for mony centuries and watched e Gadie burn
And fulled it wi yer clear caul bree ower seein ivery turn.
Yer nether braes are bonny green an happed wi trees,
They dunce sae denty as they fusper in e teuchat breeze
E Scots Pine rosit's sure tae please yer wattery cooter
A mixter wi' e caul thin air as up e waak ye tooter.
An syne up tae e Mither Tap yer speerits rise,
E fruit o' feenishin yer climb e perfit prize
As Aiberdeenshire meets e sky a far horizon
A view foriver in yer myn athoot surmisin.

CADGERS HOWE

Er's a place nae far fae Huntly 'ats ca'ed e Cadgers Howe
An' mony fowk fae roon aboot were feart te trevel throw,
'Ers nae se mony bidin 'ere up aside Drumblade
Bit back in time at's far a lot o' cottar faimlies bade.

In summer time e howe's richt fine wi trees o bonnie green
Bit on winter nichts it's unco caal an chills ye te e bane,
A horseman passin throw e howe his name wis Sandy Watt
He'd sweer at he wis followed be a muckle ugly cat.

Sandy hid a dizen bairns a' lot o moos te feed
He niver dachled in e howe an aye picked up his speed.
Bit mony trevellers late at nicht fin trevellin throw e fog
Wid rin wi fear fin hearin e howlin o a dog.

A souter cheil fae Achterless wis deid aneth a tree
Bit fa wid ken fit happened, he wis fou o barley bree,
They thocht his bleed wis sookit oot es face wis unco fite
An on 's neck an orra mark jist afa like a bite.

An orraman ca'ad Glesga Jim wis in Huntly toon ae nicht
His wame wis fou o fusky, e meen wis burnin bricht.
He kent te reach es bothy he wid hae te pass on throw
E place at he aye dreedid, aat god forsaken Howe.

Peer aal Glesga Jimmy wis niver seen again
Bit a fermer chiel fae Gertly thocht he saa him on a train.
Ging doon e howe in early spring, ye'll hear e hoolets clear
An throw e drookit sprots ye'll hear e barkin o e deer.

Ye micht jist see an ugly beast, prowlin throw e trees
Or hear e secrets o' e howe fusslin on e breeze,
Or hear e howlin o' e mony weariet reestless sowls
Priggin ye te let em oot o' Cadgers dern bowels.

Life an work maun jist ging on wi' mony moos te feed
An Sandy Watt he did jist 'at until e day he deid.

A MIX UP O' CHOWDLERS

Tammy Gilruth he hid a sweet tooth
Aa it wis sweet gid into 's mooth,
He gobbled up caramels, sherbet and bilins
Nae reaslisin 's teeth they were spilin'.

Tablet an' candy and big sticks o' rock
Oor Tammy devoured aa roon e clock,
Noo, neen o' 'ese things did 's teeth ony gweed
Bit e health o' 's teeth niver entered 's heid.

Noo, fin he wis twinty and jist in 's prime
's teeth he wis losin, ane at a time,
E decay set in at sic a great speed
Bi e age twinty five, nae a tooth in 's heid.

Noo,Tam wisna prood wi' e wye 'at he looked
Instead o' jist chawin he mair or less sooked,
Bit he started to tire o' 's batchelor life
An' thocht he micht see aboot gettin a wife.

He hid te improve 's hopes o' romance
Bit wi'oot ony teeth he hidna a chance,
He went inti e toon te a cheil 'aat maks dentures
Hopin new teeth wid enhance 's adventures.

His mou wis examined, impressions were taen
He wid get them by post fin athing wis daen,
He wis fair kittled up fin e Postie he came
Wi' a wee cardboard box addressed te 's hame.

He opened it up and pit them in place
Bit he thocht them ower big, they fair raxed 's face,
Tam wisna aware bit e Reverend Leith
Wis waitin as weel for a new set o' teeth.

E mannie that made them hid got in a mess
File sendin them oot he'd mixed up e address,
E Meenister's teeth were ower sma for 's mou
So he bedded them in wi' fixadent glue.

E dentures first sermon didna ging weel
He wis spikkin o' gnashin o' teeth wi' e deil,
E dentures flew oot fin he said "Hellfire"
Richt inti e face o' e quines in e choir!

Noo, Tam seemed te change - he jist felt a bit odd
E Meenisters chowdlers brocht him te god,
He attended e kirk fin he'd nae been afore
And e Preacher an' him, they conversed at e door.

Tam he remarked, "Yer teeth are richt sma"
E Preacher replied "Aye they're nae ees ava,
Bit Tam I see yours are ower big for yer face
Aat Dental Technician's a bloomin disgrace!"

Syne e pair seen surmised there hid been a mistake
Fin they swappit their dentures fit a begeck,
The pair were fair trickit o fit a relief
Aat wis e ein o' their ill fittin teeth.

Noo Tam disna ging te e Kirk sae much noo
Fin e Meenister's teeth are nae in ees mou,
Bit e Reverend an him files hae a reunion
Wi' a drappie o' wine at e time o' Communion.

SCUNNERT

I'm flat stoney broke and e lavy jist choked an I'm scunnert
Ma tax bill is due, I'm bluer than blue, I'm scunnert
Ma tractor's ower aal,it's jist blawn a tyre
E water comes throw e reef o' ma byre
Ma lottery ticket jist fell in e fire, I'm scunnert.

We've sax geets a'ready, another ane due, I'm scunnert
They aa weer aal claes, we canna buy new, I'm scunnert
We're struggling te pit sheen on oor feet
It's a caal winters day ,'ers nithing bit sleet
E dubs in e close are up te ma queets, I'm scunnert.

Ma kids are nae weel, they've got chicken pox an' I'm scunnert
Some o' ma hens hiv been taen b' a fox an' I'm scunnert
I've got te face up I jist canna hide
God only kens I micht turn e tide
Ma mither in law is comin' te bide I'm scunnert.

Ma coo his gaen dry, nae milk for ma fly, I'm scunnert
We're strugglin' te feed e pigs an' e kye an I'm scunnert
Ma tattie crap's peer aa connached wi' blight
I'm doon in e mou, she's high as a kite
Neist year micht be better 'is ane's been styte....I'm scunnert!.

CRACK A SMILE

Fan things are bladit an winna sort
Fan I've used ma last resort
Te sit an greet is nae ma style,
I dae ma best te crack a smile.

Fin things are bad an ye'r feelin doon,
Dinna keep aat ugly froon
Concentrate on fit is gweed,
Pleasant thochts inside yer heid.

If you've been rowin wi yer mate
Apologise it's nae ower late,
Crack a smile an hae a bosie
Aat'll mak e future rosy.

If yer sittin aa alane
An ugly thochts come in yer brain
In e mirror smile an wait
Ye're smilin back an at's jist great.

We are ca'ed e human race,
Nae winner we're at sic a pace
We hurry here an hurry 'ere
Nae time te blether ony mair.

Fin a mannie jumps e queue,
Dinna get inte a stew
Dinna let yer temper bile,
Coont te ten an crack a smile.

Fin ye're all an crusty
An grumpin mair an mair
Hurry man an change yer wyes
Ye've got nae time te spare.

Road rage is an afa thing,
Speed is aye a factor
They canna thole te wait ahin
A mannie on a tractor.

Dinna get yersel het up
Fin in ahin e wheel
Ye'll blaw a gasket or a fuse
An mak yersel nae weel

Forget aboot aat angry glower
An think o' deain gweed
Force yersel te crack a smile
Jist eence afore ye're deid.

Afore ye gie yer final grump,
Fin e reaper comes aroon
Surprise him wi' a smilin face
It's better than a froon.

DEMENTIA

He walks inte e kitchen an says foo am I here
An totters back ben e hoose an sits doon on his cheer
I see him getting reestless I see es anxious smile
He syne gets up and glowers oot e windae for a file.

Fin memories jist drift awa like colours aff a page
Dottled wis e word they used or simply jist aal age,
Er's nae a lot mair precious than memories in yer brain
It's hard te thole e hale damned lot gan rummlin doon e drain.

Abody leaves their mark on life in oor brief existence
Bit fit a sorra seein jist a teem page in e distance.
Memories are precious for ony loon or quine
Yer verra special history book a fitprint o' yer time.

Forgetfullness jist creepin in yer memory in absentia
E thief o' brain comes in yer hame an' syne ye've got dementia,
Like enough e scientists 'll nae doot find a peel
Te gie te certain patients an' help te mak them weel.

Or upload aa oor memories inte cyber space
An send them back fin needed or keep them jist in case.

DOON BY E WATERSIDE

Efter e muckle speet yestreen e dubs are hard wi' freest
E waters dawt e kirkyard wa far weariet sowls aa reest
As I waak throw e granite stanes I see and hear ma breath,
It's here I wint te reest ma sowl fin comes e certain death.

I'll miss e early mornin haar happin up e howe
I'll miss e sun keek ower e hill te skyre 's muckle lowe,
I winna see e deeth throes o' a bladit connached warld
Fin drooth for pooer an tentless greed cwid see it aa unfurled.

I winna dachle here e day doon by e waterside
Bit I'll be back here seen eneuch neist time I'll hae te bide.

DYCE

As centuries hiv came an gone
Ye nestle doon aside e Don
A hardy cheil jist like e river
Baith o' ye will lest foriver.

Ye've watched dark waters hirple doon
Creepin closer te e toon
Gently washin doon yer shores
As mornin bird abruptly soars.

Nae fancy bling or glossy sheen
Ye're jist e gate te Aiberdeen
A place foriver in oor hairts
A place we're aa richt sweirt te pairt.

Yer fowk aroon e globe are spread
Dycers born an Dycers bred
We come and go like meltin sna
Bit Dyce 'll niver ging awa.

E AAL SINGLE BAILLIE

E baillie sits an futtles on an aal bit o stick
Sookin on 's pipe an' blawin oot e rik,
He kens he hisna muckle time an he's seen better days
Let's listen in te aa 's thochts an aa e things he says.

I've turned saxty five e day bit wark his taen its toll
Te leave ma friens e nowt ahin I dinna think I'll thole,
I've niver iver merriet, niver fun e perfict quine
Happy bein' on ma ain aat suited me jist fine.

Ma hame his been a chaumer jist aside e byre
E warm caie guff mixin wi' e peat smoke fae e fire,
I hirpled ower te e ferm hoose, ma banes are deen an sair
I'm surmisin aat e fermer 'll nae need me ony mair.

I saa a stranger e ither day a mannie young an swak
An me nae ees for muckle wi sic a connached back,
Nae savins worth a dam an nae wark related pension
I'll hae te jist rely on e fermers gweed intentions.

Weel aat's me deen an feenished, wi him I hid te 'gree
We hid a richt gweed blether an a drap o barley bree.
He said "Although ye're feenished if it's here ye'd like te be
Ye can bide here in e bothy until e day ye dee"

"Ye'll get yer tatties milk an meal, ye're nae aat ill te feed
E kitchin's jist across e close we'll gie ye fit ye need"
He said if I wis able a tounkeeper I cwid be
He shook ma han' an telt ma I'd got masel a fee.

I hinna ony bairns, bit e fermer fae 'is toun
wid be e verra person te wish for as a loon,
An though ma life is nearly deen, I micht hae a file forbye
Ma maet ma bothy, bed sae snod an bidin wi' e caie.

E QUINE WI E TOUSLED HAIR

Ers aye a bittie sadness fin a bairn leaves e hame
They drift awa te lead 'ere lives an things are nae e same,
A room at's teem an caul an clean nae midnicht taxis hame
Nae mair argie bargie, bit ye miss her jist e same.

Aff te University, ye hope she finds new pals
Ye worry if she's safe eneuch, bidin in e halls,
E days ging bye, e wife an I try nae te interfere
Ye tell her "mine noo ony time, yer welcome te come here"

She finds e time te phone ye fin e siller's rinnin oot
Bit ye ayewis wint te help her, ers niver ony doot,
We get a visit noo an again fae oor little quine
A faimly meal e gither is afa afa fine.

She disna use her room nae mair, e windae's open wide
E memories are fadin' they drift awa ootside,
Ye mine e time it lookit like a bit o' a pig sty
Bit noo ye hear e echoes o a time ats passed on bye.

E years roll bye an e memories fade o' e quine wi' e tousled hair
A braw young adult's taen her place an' e quinie's here nae mair.

E SIXTEENTH FLEER

I'm lookin oot fae ma toor in e sky
Files I jist watch e warld gaan bye,
It's a tyauve gaan oot syne getting back
Wi' saxteen flichts o' stairs te tak,

Nae that I cwid climb e stairs
I canna ging ower far nae mair,
Sax year syne I wis on ma ain
I think aboot him noo and then.

Files I think I see ees face
Richt ahin ma in e gless,
Noo I'm nae girnin aboot ma lot
I'm happy wi' e things I've got.

Files I watch e mornin sin
Saxteen fleers abeen e grun,
It files keeks ower e blue horizon
Jist as ma day is realisin'

I've got a frein fae doon below
A couthy cheil ca'ad Jock Munro,
He hirples up te hae 's fly
Ees blether helps e time ging bye.

Ees asked ma doon te see 's flat
I'll nae be haein neen o' aat!
I mean ma Jimmy's nae richt caal
An' look at me I'm far ower aal!

Bit fegs ees bletherin awa
Helps te pass an 'oor or twa,
An syne at nicht ma windae seat
A cup o' tae an' up ma feet,

E skyre on e tide o' yalla meen
Easdom for ma tired aal een,
Fa his got e luck o' me
In jist ae day twa sichts te see,

E sin and meen abene e tide
A grandstand seat fae far a bide.

E TINT TURKEY

Ma faither wis baillie oot aboot Gight
We were gey hard up an siller wis ticht,
He cam hame wi a box wi a turkey inside
He said here's a new pet, it's comin te bide.

He said tak it oot inte e big shed
An gie it some strae for a fine comfy bed,
An gie it some maet an feed it richt weel
First thing in e mornin an syne efter skweel.

I first caad it Dod an syne caad her Annie
Efter ma dad said it wisna a mannie,
Me and wee Annie we bonded richt weel
We'd ging oot for wauks ilky day efter skweel.

She got bigger and fatter, she likit te sup
Ma faither said loon, jist keep fattenin her up.
Ae Day in December, I got a richt fleg
Annie wis tint, 'ere wis jist a teem shed.

I lookit aa day, bit nae hide nor hair
Bit nae sign o' Annie, ma hairt it wis sair.
Christmas for me wis nae muckle fun
I waukit aroon wi' ma heid te e grun.

At e table I sat, I jist cwidna ett
I wis thinkin o' Annie, nae thinkin o' maet,
Ma faither said loon, jist you mine yer menners
Ye maun gobble up aat fine Christmas denner.

EGGS

Fin it comes te kines o' maet, 'ers mony things te ett,
We're sae lucky aat we dinna hae te hunger
Bit I'll niver iver doot it, I canna dae wi'oot it
O' eggs I dinna think I'll iver scunner.

Er's biled eggs, fried eggs, eggs 'at are free range.
They dinna cost a fortune, ye aywis get some change,
Poached eggs, scrambled eggs, eggs fae hen or deuk,
If ye hinna got yer teeth in, they're afa fine te sook.

Noo eggs 'll ging wi' onything, jist slap them on yer plate,
Fried wi' some bacon, isn't 'at jist great,
Some like e fite bits an ithers like e yolk,
An egg inside a sandwich is enjoyed by mony folk.

Er's quiches and omlettes, flans and mayonnaise,
Dinna ett an egg 'at floats, it's seen better days,
Ye canna dae athoot an egg ivry time ye bake,
An fit aboot a saft biled egg te ging wi' yer oatcake?

At e Kirk on Sunday mornin, an files athoot a warnin,
Fin e Meenister is soonin kine o' droll,
Er's a feelin in yer belly, ye ken it micht be smelly,
Aats e price o' eggs for brakfist ye maun thole.

I'm getting kine o' hungry, it's nearly supper time,
Ye'll hae te excuse me, it's time te ein ma rhyme,
I'm lookin in e fridge an' begaik oh fit a fleg,
I'll hae te ging oot shoppin, I've run richt oot o' eggs!

FAR ARE AA E STEADINS

Far are aa e steadins, fit happened te their banes
Mony arna stannin, a pile o' bladit stanes
Far are aa e chaumers, aat kept e Orra Loons
Mony bothys are noo tint at mony ferm toons.
Far are e ferm hooses, wi' roarin kitchie fires
Far's e stables an' e coorts, e Baillies bonnie byres
Far's e cottar hooses far e wirkers eest te bide
E Horseman an' e grieve, bidin side by side.
Far's e country kirks an' far's e country skweels
E aal mull wi' e water wheel, far ye got yer meal
Far are aa e shoppies, in aa e little toons
Mony are noo hooses, Mony torn doon.
Far his aa e fowk gaen, mony fowk are tint
Ye winner far they are e noo, ye winner far they wint,
E Fermers and e Baillies, e Grieves and Orra Loons
Er's nae a placie for them, ers nae mair ferm toons.
Er's nae mair Dominies, an Meenisters o' e kirk
Nae mair Bankers, Smiddy Cheils, er's nae a lot o' wirk.
Er's ae thing aat I canna find, though trevellin far an' wide
E speerit o' e land is tint aa ower e countryside.

FIN E BRAMBLES ARE RIPE

Ye said ye wid leave fin e brambles were ripe,
I said "Ging awa an nae be a gype!"
Bit man ye were richt , fit wye did ye go?
I didna hae time te say cheerio.

Ye were a gweed age, I kent ye were failin,
Bit I didna ken foo much ye were ailin,
I noo realise it wis really a crime
Aat I didna gie ye some mair o' ma time.

Unlike e brambles ye'll niver come back,
Ma memory reminds me o' fin ye were swak,
O' times ower e hills we baith wid kneip,
Fit wye did ye leave fin e brambles were ripe?

FORGET ABOOT YERSEL

I'm lookin in e mirror an fit a sorry sicht!
I winner fit wid tak me fae e darkness tae e licht,
I've been thinkin o' e things aats bad an nae e things aats gweed,
it's time I sorted oot e thochts gan on inside ma heid.

I'm lookin at ma nesty glower, e furrows on ma broo,
A grumpy face, a big disgrace, a ticht shut doonturned moo,
I've decided ivery mornin te change es girny face,
An think o' gweed things in e warld an pit a smile in place.

It'll nae be lang afore e reaper comes an rings ma bell,
So I'll hae te think o' ithers an forget aboot masel.

FUSPERIN WATER

E fusperin water rummels ower e stanes,
As I surmise e wirds they spik te me,
Invitin me te reest ma weary banes,
Te lowse ma sowl fae life's captivity.

Nae need te dauchle jist te bide ma time,
E toopachun prigs te me te cairry on,
I maun conteena upwuth for te climb,
Te feenish wirk afore I'm deid and gone.

Fin we're awa an' pass on inte dust,
Fit worthless things we canna thole te leave?
Fadin thochts o' wicket and o' just,
A forgotten bit o' paper wi' a screive.

GRANNY'S TEETH

"Oh Granny, oh granny yer teeth hiv geen awa,
Something's happened te yer mou it's lookin afa sma,
Oh Granny did e Fairy come an tak them aa awa
Cos if she did I'm hopin the'll be siller for us aa"

"No ma quine, ma teeth are fine, I tak them oot at nicht,
I wish ye'd niver seen ma, I'm sic an orra sicht"
"Oh Granny niver mind, I'll still sit on yer knee,
If ye canna chaa a sweetie ye can pass it ower te me"

HE'S NAE AHIN E DOOR

He's nae ahin e door
He's nae ahin e door,
Like fit he wis afore
He's nae ahin e door.

He'd rub against ma queets
Fin I took aff ma beets,
Lookin for some treats
Fin he rubbed against ma queets.

He's nae doon by e fire
Fin a come hame fae e byre,
Fit mair cwid I desire
Than te see him by e fire.

Sometimes I think I see
Him oot e corner o' ma ee,
Bit no, it's nae te be
E licht wis trickin' me.

He nearly made a score
An' I canna jist ignore,
Te look ahin e door
Bit he's nae ahin e door.

HERRIN AN NEW TATTIES

Fin e middle o' June it comes aroon an we get a bittie heat,
We hear ers herrin in e toon, michty fit a treat,
Fried in oatmeal wi' a tattie, biled an fine an het,
A denner fittin for a King, fit a joy te ett.
So spare a thocht for e fisher fowk aat trachel for te catch,
E makins o' a denner aat niver cwid be matched.

IN ATWEEN E DON AND DEE

As I kneip on throw e toon
I tak ma time te look aroon,
E streets atween e Don and Dee
Are nae jist fit they eest te be.

It's funny bit e fowk I meet
Seem te look doon at their feet,
Or at their hands te be precise
Glowerin at their wee device.

Naebody here te tak me on
As I stravaig 'tween Dee and Don,
A blether wid be afa fine
Wi' ony couthy loon or quine.

Bit I cwid wauk here for a wik
An' niver get a chance te spik,
As I get hame ahin ma door
It's nae jist like it wis afore.

I've got some freens jist ane or twa
Mony hiv jist passed awa,
It wid be grand eence in a file
Jist te see a freenly smile.

E banks are shut, nae corner shops
Nae baker's vans or local cops,
I canna thole 'is connached nation
Digital communication.

E deeth o' e community
In atween e Don and Dee.

’IS IS FAR A BIDE

I’m sittin in ma care hame in e Buchan countryside
An govie I’ve surprised mysel, it’s here I wint te bide,
I hid a stroke a year ago an’ ma walkin’s nae aat great
I need a hurdy gurdy te get ma tae e gate.

I wis left a widower a puckle year ago
An bidin on ma ain it made me feel a bittie low’
Ma femily lookit efter me, they’ve aye been at ma side
They got ma inti ‘is place an ‘is is far a bide.

I must admit I like ma maet I canna miss a meal
An ’is place is jist grand for food, it suits ma afa weel,
Ere’s aye a choice o fit te et an seconds if ye’re able
Fin I wis bidin on ma ain it wis a gie teem table.

I’m nivver short o things te dee
I’m nivver iver bored.
I’m jist sae lucky I fun ’is place
I’ve weel an truly scored.

I’ve pals for dominoes and cards
TV and books tae read,
A singsong ivery Monday
Though ma singin’s nae aat gweed.

The wifie at sits next te me
Her name is Mrs Keith,
Te me she looks a bonnie quine
Even athoot her teeth.

She sometimes tells me stories
O workin on e ferm,
I sometimes pit ma hand in hers
I dinna mean nae herm.

I aye get mony visitors
Ma dother an ma brither,
An though am ninety ane year aal
I sometimes see ma mither.

It wis ma birthday jist last wick
ma faimly aa came roon,
A mannie wi a squeeze box
Played some bonnie tunes.

E carers are se gweed te me
They come fae a aroon,
Ers ane fae Thailand, ane fae Spain
An ane fae Strichen toun.

They're aywis here te help me
An see te a ma needs.
A blether an a bozie
They're affa affa gweed.

Ma memory's nae at great iv noo
I've lost ma pocket book,
I dinna need it in 'is place
Bit I'll hae anither look.

I sometimes canna find ma car
An I canna find e key
E carers tell ma nae te drive
Cos I've got nae M.O.T.

There's times they tak ma oot e door
Te smell e Buchan air
An files e ice cream van comes roon
At's affa affa rare.

They sometimes tak us in a bus
Te gie us a wee run,
I'll tell ye this am nae ower aal
Te hae a bittie fun.

It's nae winner at is place
His got sic a gweed name
Kindness is er nature
Gweed service is there aim.

I'm happy aat I fun 'is place
Efter lookin far an wide
I'm a lucky, happy mannie
'Is is far a bide.

ITS BETTER NAE TE THINK

'Ers times we aa try an' surmise fit's e missin link
Bit some fowk hiv concluded it's better nae te think,
Ye'll stan' an look an' ponder as ye walk throw a door
An michty me ye'll ask yersel, "Hiv I been here afore?"

Noo science shows a loss o' wecht jist efter we dee
I canna answer aat iv noo, I'll hae te wait an' see.
E chances are that maybe we've been here in e past
At we're jist actors on e stage te ayewis be recast.

We maybe werna humans in a former age
An' foo will we return at e turnin o' e page.
A plant or tree or fish or bird, a reptile, dog or cat
Ye winna come back as yersel, ye've hid yer chance o' aat,

So it's nae fair we dinna ken oor previous existence
Nae winner man 'll niver learn despite oor croose persistence.
I've daen ma thinkin for e day I think I'll hae a drink
I'll jist conclude it's daen nae good, It's better nae te think.

IT'S LOOKIN LIKE SPRING

E teuchat peep peeps like an aal tin fussle,
Aneth yalla funs e spurgies they bustle,
Hich on e Rowan e Ousel he sings
Scriein e news, it's lookin like spring.

It wis only last wik fin e snaa gid awa
Fin we happit oor lugs fae e win caal an raa,
E craws craw their claik as they soar on e wing,
Nae doot they're announcin' it's lookin like spring.

Fit will it gie us we're niver fortelt,
We jist hiv te tak e hand 'at we're dealt.
Nae mair winter trachle, we've places te ging
Nae time like e present. It's lookin like spring.

JAMIE FLEEMAN

Jamie Fleeman wis born in e village o' Langside
So fowk fae Buchan maun look at him wi' a lot o' pride,
Babtised on sivinth April, an syne awa te skweel
It came te pass that Jamie wis naebody's April feel.

His mither drooned fin he wis young in Ludquharn's muckle hole
A tragedy for Jamie and his faimly te thole,
At first wi' Sandy Guthrie wis far Jamie earned es keep
An syne e'Laird o' Udny far he tended coos an' sheep.

Wi' 'es Laird at Knockhall Castle, Jamie eest te bide
Although he wis a reestless sowl 'at trevelled far an' wide,
Ae nicht at Knockhall Castle oor Jamie fun a fire
E hoosekeeper wis roused an' saved fae an early pyre.

Mony werna gweed te Jamie and thocht he wis a feel
Bit he wis unco cliver. te them 'at kent him weel,
An' them that took e len o' him and tried te tak e rise
Wid find e wrath o' Jamie's tongue, he cut them doon te size.

A man o' strength 'er wisna much 'at Jamie cwidna maister
Bit wut an' wile wis jist 'es style, he wis a maister jester,
'I'm e Laird o' Udny's feel, fas feel are ye'
Made Jamie Fleeman kent richt weel, I winna tell a lee.

In summer sivinteen sivinty echt, he wisna feelin gweed
In a wik e news came oot 'Jamie Fleeman's deid'
Jamie's banes lie in Langside 'at's far he came te reest.
Respecktit wi' a heedstane nae beeried like a beast.

JOCKY'S ROCKET

Jocky Watt he owned a craft, up aboot New Deer
Fermin didna interest him, he wis an engineer,
He sorted tractors cars an aa an even Combine Hairsters
I niver kent o' a machine, 'at Jocky cwidna maister.

Aye nicht fin he wis walkin' he looked up te e stars
An' thocht aat he wid like te flee a rocket up te Mars,
First he needed metal, 'ere wis plenty o't aroon
He commandeered a bonnet fae aff a Davy Broon.

He strippit doon a Fordson Major lyin' in e yard
He toiled awa fae dawn te dusk workin' unco hard,
Efter twa three wiks o' work, it lookit like a rocket
Aa kinds o' bits went inte it, crankshafts valves an' sprockets.

He covered it in creosote an' thocht it looked aa richt
Bit syne he thocht 'at wis nae ees ye cwidna see't at nicht,
Jocky added yalla stripes an' syne let oot a gasp
E hale contraption lookit like a giant ugly wasp.

Jock's rocket wis noo ready for its trial flight
First he wid pit in e fuel syne he wid ignite,
A stane o' tatties in e tank te gie't mair energy
He kent it carbohydrates were gweed for aat ye see.

Jocky said a silent prayer and switched on e ignition
Bit although it made an afa soon it niver changed position,
Jock wis disappintit an' looked in e tank te see
E failure wis e tatties, they'd aa gene throw e bree

Jocky wisna happy wi' e flight's delay
Bit as e dark wis settin in he'd wite anither day,
He went te bed an dreamt aat he wis headin' for e sun
He kent it wid be afa het, it widna be much fun.

He thocht aat if he changed his course, things micht be aa richt
Unless of course his luck wis in an' he got 'ere at nicht,
Jocky dreamed aat he broke doon an wis stranded up on Pluto An it
wis sic a dowie place nae easy te get oot o.

Fin he got up he found oot foo es rocket hid expired
A change o' tatties in e tank wis fit wid be required,
He decided on Kerr's Pink a tattie fine an' dry
He thocht 'at at wid dae e trick an' so gave it a try.

E craft wis loaded wi' some things aat he micht need on Mars
Milk an meal an' tatties an' a pack o' three Mar's Bars,
Ere wis jist ae seat inside e cabin far oor Jocky sat
'ere wisna' ony extra room, ye cwidna swing a cat.

He'd only trevelled half a mile fae es launch position
Fin he wis warned 'Tattie failure please abort this mission'
A doonward spiral syne ensued as e rocket lust a fooshen
Jocky cwidna steer 'aat weel amid sae much confusion.

Jocky uttered twa three oaths a bittie like "Good grief"
His rocket drappit like a stane, richt throw es neebours reef,
His neebour Miss McTavish wis sittin on her seat
E rocket jist came fleein' in an' landed at her feet.

Miss McTavish phoned e Bobby an' he wis taen aback
She said a muckle wasp's in here ready te attack,
Jocky stepped oot o' es craft weerin' es space suit
Although he hidna been in space, he fairly looked spaced oot.

E village bobby he arrived an' said "You're a disgrace"
"You've bladed es peer wifies reef, are ee fae ooter space"
Syne Jocky telt his story o' es failed trip te e stars
An aa three hid a cup o' tae an' aet aa Jock's Mars Bars.

LEN'S MUCKLE HEN

Lenny Bruce fae Fyvie wis fond o' breedin hens
If you were sikkin' poultry ye'd nae ging rang wi' Len's,
Noo Len got an idea that you micht think absurd
He thocht that he micht try an' breed e world's biggest bird.

Oor Lenny's breedin' methods fair increased e size
An syne ae year at Turra show his poultry won first prize.
Noo Lenny kept a secret o' e diet that he chose
Bit there wis speculation he wis feedin' them on brose.

The eggs they aye got bigger, as did e cocks and hens
He hid te spend mair siller, makin' bigger pens
A muckle rooster syne wis hatched, it wis a croose young chiel
Ae day he focht wi' Lenny's bull, it didna' ein up weel,

E pair they focht for oors on ein an' baith got unco tired
Bit e rooster scored a knockoot fin e peer aal bull expired.
E rooster met a sticky eyn, it fairly vexed his maister
A big mistake te stert a fecht wi' Lenny's combine hairster.

Lenny missed e muckle bird and shed a load o' tears
Bit fit a consolation, cock a leekie soup for years.
Syne Lenny bred his biggest bird, a hen o' muckle size
It fairly wis a bosker wi' a massive pair o' thighs.

Anither plan wis hatched by Len an' siller wis a factor
E hen wid gie him chaiper pooer than car or truck or tractor.
Ae day he set aff te e mart wi' hen tied te 's gig
Fin daein' fifty miles an oor an' passin' ower a brig,

E hen broke free an' sped awa and wisna seen for stoor
Bit shortly it wis seen gaun throw e toon o' Luthermuir.
It continued soothward passin' aathing in it's sicht
It even passed a bobby's car 'at wis flashin it's blue licht,

It ran e London marathon, fit a gallus bird!
It wis a bit unlucky and came in twinty third,
Some o' e rinners thocht it funny and ithers got a fleg
It micht hae feenished seener bit it stopped te lay an egg.

It started trevellin' northwards usin' roads and railway tracks
It must hae crossed e Pennines it wis seen in Halifax.
I canna mention aa e places 'at e bird wis seen
Bit finally it turned up in e toon o' Aiberdeen,

On e city's Union Street wis far e big bird deid
Flattened b' a double decker gan te Hazleheid
We're nae aat sure far it wis gan or kent e highway code
There's nae an answer te fit wye e chicken crossed e' road.

MA FREEN AIBERDEEN

I’m nae sure if ye’re quine or loon
Ye niver iver let ma doon,
Happit in yer silver goon
Jist stannin prood.
I cwidna find a better toon
Te lift ma mood.

Ye’re nae e bonniest o’ places
Yer fowk hiv got nae airs an’ graces,
Yer busy streets are noo teem spaces
Bit niver fear
Er’s puckles o’ familiar faces
Te gie ye cheer.

Er’s much te like in Aiberdeen,
E fresh sea air an granite stane,
E very place te reest yer banes
Fin tired an’ weary,
An ein yer days wi a gweed freen
Te mak ye cheery.

MANNIE O' E HOOSE

Although I'm jist gan twelve year aal I've niver kent a faither
A dad te sit doon for a news an hae a richt gweed blether,
Ma mither dis her very best bit a young loon needs a dad
It seems jist like a half teem hoose, it maks ma afa sad.

I've started playin fitba for oor district fitba team
Te hae ma dad 'ere watchin me can only be a dream,
Ma mither says ma faither his a femily o' his ain
Dis he nae ken am ane o' his? I wish I cwid explain.

Ma mither's got a spleet new lad, I caa him Uncle Neil
We a'ging inti stitches fin he starts te play e feel,
He says he'll tak me te e fitba or even oot for fishin
I hope he disna scunner, I suppose ers nae herm wishin.

Er's a bonnie quine 'at's in ma class, an files we sit e gither
She says her dad looks efter her, she disna hae a mither,
I suppose we're baith gey lucky er's lots wi'oot a hame
Ye winner fou it happens, ye winner fa's te blame.

It's a trachle for ma mither te manage on her ain
Jist sometimes fin I look at her she canna hide e pain,
An files fin I am feelin doon she tells me te be croose
"Yer sic a ees aboot 'is place, e mannie o'e hoose"

ORRA ROBBIE

Robbie Watt fae Auchnagatt wis sic an orra chiel
He'd tatties growin oot ees lugs, aye mair than jist ae dreel,
He wis a man 'at niver washed an fowk wid had their noses
They said he hid an afa guff, he didna smell o' roses.

Mony in ees company jist cwidna thole e stink
Fit there wis inside 's drawers I widna like te think,
Ye cwid nearly fill a gairdin wi' e dirt aneth 's nails
If ye mucket oot atween ees taes ye'd fill up twa three pails.

He wis an afa lazy man, he niver changed 's sheets
Ilky nicht he went te bed still weerin baith ees beets
Noo fowk in Robbie's company wid often start te cla'
An mony fun it hard te stop until they were reed raa.

Noo he wis feart te hae a bath suggested by 's mither
He wis convinced it wis e dirt wis hadin him igither,
Noo cleanlieness next te godliness is a weel kent sayin
So ony chance o' hivin for him wid need a lot o' prayin.

So far will Robbie's sowl ein up, we canna really tell
E deil he michtna thole him, he micht be banned fae hell,
So if ye smell a guff and dinna ken fae far it came,
It micht jist be oor Robbie's sowl lookin' for a hame.

TWA DIFFERENT LOONS

The loons were born in a manse, the faimly wis gie half hung tae
Their faither wis meenister o'the kirk bit thocht he wis god ye see,
Their mither wis gweed bit she took tae drink wi' e bullyin' fae their dad
An it wisna lang till they took her awa fin she went fair stark ravin mad.

Fin the loons were fourteen, they were feed at a ferm, wi'a chaumer a fine ferm toun
They wid feed the caie, an muck oot e pig sty an ging te their beds te lie doon.
The ferm wis an oot ferm awa on its ain an e grieve he seen gid awa
An anither grieve wis hard te find so the work wis gaen te they twa.

Noo Jock he liked 's fusky, he widna say no te a dram
Some say he sooked it fae his bottle, fin sittin in 's pram.
He aye jist took anither ane, an syne he had anither
His faither wis a meenister, bit he learned it fae 's mither.

Noo Jock got on weel wi 's brither, Davy wis 's name
An they files wid hae a dram e gither fin Davy wis at hame,
Noo Davy's gless wis afa sma ye've niver seen ane se wee
An Jock aye said fit ye've got there, it widna droon a flee.

Bit Davy said "aat's fit I tak, it helps me wi' my health.
A bottle lests near on a year, an aats gweed for ma wealth"
Afore ower lang, they bocht e ferm, e profits they were healthy,
Jock's money aa went doon 's throat an Davy he got wealthy.

Noo Davy often said te Jock, "yer habits mak me nervous"
Bit Jock said "och jist hae a dram an licht a Senior Service"
Bit Davy didna smoke ye see, an Jock began tae boast,
"There's nithing better in e mornin than a gweed spit an a hoast"

The twins they hid their birthday, they lit e chaumer fire
they celebrated wi e nowt, an partied in e byre.
Jock drank a bottle o finest fusky an syne he took a tummel
An Davy ate an aipple and drank oot o a thummel.

E next day Davy he gid oot te try and find 's twin
and fun him in e tractor seat, the wheel against 's chin.
He wis stane caal nae sign o life, 's erms were hingin doon.
Thocht Davy fit a wye te go on yer favourite Davy Broon.

Noo Jock had planned 's funeral' it wis left in a drawer for Dave
The note said brither will ye read this oot afore I reach my grave.
There wis nae meenister at e kirk fin Jock wis laid te rest
An Davy he wis nervous bit he fairly did 's best.

Davy started slowly sayin " these are the words o' ma brither,
Ye'll be plantin me in half an oor, I hope ye get e wither
Fin I wis a loon ma faither wis meenister, bit he fairly thocht he wis
god, He sent me te hell fin I wis young, e domineerin sod"

"My mither she wis gweed te me, bit she wis bullied an aa
She often tried te leave ma dad an tak us baith awa.
So pass roon e glesses we'll tak a drink, we'll hae nane o yer
communion wine,
We,ll hae a dram o' fusky. That'll dae us fine"

"Noo afore ye pit ma doon e hole, afore I ging te rest
I wint a picture o' ma mither, She wis jist e best.
An pit in a bottle o' Kennethmont's Ardmore, e best I've iver drunk,
An twinty Capstan full strength, an mine a puckle spunks"

Noo my story's nae quite finished, this is fit happened tae Davy
A few years later at a dance he met a lassie Maisy,
Maisy wis only twinty five an Davy sixty nine,
An Davy said will ye merry me, you'll suit me michty fine.

Oor Davy didna hae a clue o ony bedtime tricks
but it wisna lang afore he learned, he seen hid aff 's briks,
'S extra duties ivery nicht didna dee nae herm
He still got up at half past six an' workit on e ferm.

Noo Davy wis afa frisky, they were at it nicht an day,
an Davy wid hiv hid mair ye ken if he only got 's way,
bit efter twinty years o this, young Maisy did a shoot,
She left a note for Davy sayin 'Sorry, worn oot'

Noo Davy fun anither quine a lassie young an stoot,
bit disaster struck at ninety sax fin Davy's luck ran oot.
They were in their bed that fateful nicht fin Davy turned 's heid,
he lookit ower at 's bonny wife and saa she wis stane deid.

Noo I canna end ma story, o that there is nae doot
Cos Davy's nae gan nae wi, he'll see e lot o's oot.

E LOON FAE DUNECHT

Shepherd wis a souter mendin beets in Dunecht toon
In e year o nineteen thirty sax he got himsel a loon,
E loon grew up te be a man fa played weel on e moothie
Wi doric twang an tunefae sang an ayewis afa couthy.

He got a job in broadcastin' 's energy wis tireless
E BBC got had o him an pit him on e wireless,
Wi 's Scottish country dancin show he welcomed mony bands
A Setterday nicht wi jigs an reels an sometimes Jimmy Shand.

Bit Robbie niver changed a bit although he rose te fame
E mannie fae e Brig o Don wid ayewis bide e same,
Nae mony men cwid match oor Robbie's energy an drive
Noo thanks te him e doric is verra much alive.

A doric personality, a compere ayon compare
Weel kent b' aa Jock Tamson's bairns for a hairt sae full o care,
Noo Robbie's dance is feenished ,he'll tak e fleer nae mair
Bit fowk aa ower e warld will mine his life and wark sae rare.

SETTERDAY IN E TOON

It’s jist e day, it’s Setterday, te trevel te e toon
A place te dee e shoppin an hae a look aroon,
Gettin aff e aal blue buses files at Mealmarket Street
Haudin in te Union Street files ere wis friens te meet.

E buses at e Castlegate, pented bonnie green
Inspectors stannin newsin, wi’ shiny polished sheen,
E lavies doon below e grun wi’ wa’s o’ sparklin tiles
Wash and brush up advertised, I micht hae used it files.

Aff up e lang lang Union Street, at a canny pace,
Nae te miss a bargain jist mine it’s nae a race,
Denner oot wis aye a treat pie and peas were fine
At e Railway Cafe, I’ve been there mony times.

Syne inte Union Terrace Gairdens, e mannies playin draughts
A sea o bonnets roon e boord, showin aff their craft
Syne trachled doon wi’ shoppin bags, back te catch e bus
A couthy young conductress, niver ony fuss.

Er’s aye a bitty sadness fin we leave ahin e city
Bit michty if ye ging there noo fit an afa pity,
Union Street jist barren, nae mony fowk aroon
Sae much for ile, sae much te spile, we micht hae been let doon.

Nae fitsteps on e pavements, nae mony on e streets,
Aa ye hear‘s e echo o’ a single pair o’ beets.

SOUP

Fit's yer favourite soup I speir, it's tattie soup for me
Fin I sit doon te tattie soup, I hae a bowl or three,
You micht like tomato soup or maybe even chicken
Er's plenty ithers you cwid hae if aat's nae fit yer sikkin.
Scotch Broth noo aat's afa fine an sae is Cullen Skink
Consomme I'm nae fond o it's afa like a drink,
I'll mention ae mair kine o soup afore I ein ma verse
I'm nae aat fond o oxtail, it's afa near e erse.

STOOD UP

I'm stannin ootside C and A's waitin for ma date
I hope e lassie turns up, she micht be rinnin late,
Er's a fair few fowk in Union Street oot here on e toon
They micht be winderin fit's gan on his he jist been let doon.

I'm thinkin noo it's twinty past, she can ging te hell
Bit no I shidna be se mean, I've daen e same masel
E north sea win his made me caal it's time I hid a heat
E Bridge Bar's lookin fine an warm jist across e street.

I've hid a dram te warm me up washed doon wi' a beer
I'm thinkin o e future an getting inte gear,
Although a lassie stood me up jist an oor ago
I'm thinkin o' e dancin I'll gie e dice a throw.

Er's plenty fish left in e sea I'll ging an' cast ma net
An try and catch anither, ma nicht's nae connached yet.

TATTIES

In England they're potatoes,
They're Pommes de Terre in France
Bit here they're humble tatties
They mak yer taste buds dance.

Ye can hae them roast or fried or biled
ye can hae them mashed or chappit,
Ye can et as much as ye can tak
Until yer fairly stappit.

They're afa fine wi'skirlie
Or even pie or mince,
They're nae aat bad wi curry
Bit I draw e line wi' quince.

Thirs Records, Roosters and Kerr's Pink
Gala an Duke o'York
An Golden Wonder's afa fine
To hae upon yer fork.

Ers tattie crisps o different kinds
An mony different flavours
Cheese an ingin, sa't n vinegar
Aa there for ye te savour.

Er's tattie fritters, tattie scones
Div ye mine e lucky tattie,
Ye widna wint ower much o them
ye'd turn inte a fattie.

I mine on tattie holidays
E fermers were gey mean
Ye didna get much siller
For a' e work ye'd daen.

Noo here's a tip fin bilin tatties
Dinna leave e pot,
Ye'll hae e tatties throw e bree
An blad e hale dammed lot.

Te mak a bottle o' vodka
Wid tak a gweed few dreels
Fit a waste o' tatties
E Russians must be feel.

A brand new tattie's afa fine
Fin straicht oot o' e dreel,
Bit dinna tak ower mony
Or ye'll nae be feelin' weel.

Foreign food is aa e rage
Madras and Chicken Satay
Italian, Greek or French cuisine
Bit they canna beat e tattie.

Fin I sit doon te denner
I sometimes get irate
Fin I look doon I hiv te froon
Nae tatties on ma plate.

THE BEECH TREE

A grand aal beech tree stans richt prood inside a Buchan toon
I'd sweer I played aneth it fin I wis jist a loon,
Ootside e aal kirkyard it stans an watches ower e graves
Giein winter shelter an cweelin summer shade.

E tree his seen e toonsfolk as they were laid te rest
I winner if it's coontin e anes at passed e test
It's stood an wutnessed twa world wars an watched us blad e earth
It's heard a lot o sermons and seen a lot o death.

It welcomes in e different birds te reest an settle doon
An syne bring up their femlies inside its muckle croon,
For shelter fae e rain an sun fowk use e big beech tree
It kens a lot o secrets it's learned fae you an me.

It niver asks for onything it's happy wi' its lot
It niver girns it's jist content wi' aathing aat it's got,
Oh te hae a simpler warld athoot e constant strife
E drouth for pooer an siller his connached normal life.

I hear it whisper in e breeze I winner fit it said
Will mankine manage te redd up e sotter aat he's made.

THE CAIRTIE

Ma sister wis fower, nae need for a pram
I winted a cairtie and priggit wi mam,
An she speered at ma dad jist te be fair
A decision wis made, we're nae haein mair.

A couple o days efter they hid relented
A fine little cairtie I hid invented,
An aal broken barra fae oot o e shed
Wis jist e richt thing for e front wheel an bed.

Aff o e pram came ma twa back wheels
An on te e barra they fitted richt weel,
I wis niver at hame, I wis oot ivery day
I wis oot on e braes wi ma cairtie te play.

If you hid been trevellin throw Braikley or Gight
Ye micht jist hae seen me oh fit a sicht,
Oh fit a lick, I thocht I cwid flee
An files I wid skin an elbick or knee.

In e followin years, twa mair brithers I got
An oh fit a shame bit twa prams they were nott,
Mam said I cwid hae them if I hid liked
Bit I turned them baith doon, I wintid a bike.

E DEETH O E BOTHY

Oot-bye at Westfield fairm a sma wee bothy stood
I'd sweer wi twa three fowk inside ye'd say ye hid a crood,
Jist ae windae on e front an aal deen rotten door
I cwidna help bit thinkin on foo ye were afore.

Back in time ye looked real fine fin horses pulled e ploo
Bit faither time his seen decline ye're lookin dowie noo,
Wi mony warkers at e fairm e bothys were abundant
Ony chaumers left iv noo are mair or less redundant.

I lookit throw e windae fin passin ilky day
I wish I'd speered and listened te fit ye hid te say,
Tales o orra men and loons reestin efter dark
Sittin claikin by e fire gled te feenish wark.

I'm sure a kitchie deem wid hae steppit throw yer door
Te tarrance aa e orra loons wi bonny claes she wore,
Nae music comin ony mair fae melodian or moothie
Nae singin or nae newsin or meetins unco couthy.

Back in e day ye micht weel say nae unco hich attainment
Fae siven te siven te earn a livin an syne yer entertainment,
I passed by yestreen be e licht o e meen an saa they'd
knockit ye doon
Jist a few stanes, yer aal connached banes, weeds an a rummle o
foun.

THE DRY STANE DYKE

I passed by a dyke wi aal weary stanes
Aa settled doon jist reestin their banes,
I stoppit a filey, I winted te speer
Fan were ye biggit, fit wis e year.
Were ye built be a craftsman, wi help fae a loon
Ye've lested richt weel ye've niver come doon.
Ye've stood throw diseases storms an wars
There's bits o' ye bladit, connached by cars.
Bit there's nae muckle doot, ye'll ootlest me,
Ye micht even ootlest humanity.
Tho' I caa ye a dyke, some micht caa ye a waa
I hope that they dinna caa ye awa.
It wid please me richt weel if they left ye alene
I think that they will, they've cast ye in stane.

THE ROUP AT LANGSIDE

Jocky McBride fae up at Langside hid a craftie, a sotter o weeds
An doon by e burn, oh fit a kirn o segs an a slorach o reeds.
Nae far awa his neiper's wee craft wis bonny an tidy an snod
Her name wis Nan Reid, a fermer richt gweed aye wi siller te pit in e brod.

Nan wis aye lonely fin wirk it wis deen, an at nicht bi e licht o' e meen
She dreamed she wis wed as she lay in her bed an wis feart she wid dee a' alene.
If Jock hid been richt, he'd hae seen in plain sicht, e signal fae Nan it wis clear
Bit Jocky wis slaa, an time ran awa, an he niver considered te speer.

Noo aal age wis loomin, e craft wisna boomin, aye langer he sat on es dowp
Jock hid a vision, an made a decision te ritire an sell up wi' a roup.
On a day bricht an clear a young unctioneer turned up wi' a loon o' a clerk,
They were at it aa day, till e sky turned grey an syne they were feenished their wirk.

On e day o' e sale there wis thunner an hail bit aye a wee blinkie o' sin
There wis a big crood, in e closie they stood, wi e geets aa playin ahin.
E roup it began, aside a big van, for them aat winted te sup
Aa kines o' maet if ye winted te aet, an tae fae a fite paper cup.

First item te factor wis aal Jocky's tractor, its ingine nae soonin aat gweed
Nae pent on e bonnet bit plenty roost on it, an tyres as bald as es heid.
Ere wis aal roosty harras an aal broken barras a bone davy, discs an a binder
Es workshop tools, an aal set o' bools, some wechts an an aal angle grinder.

Noo aal Jocky's car, it cwid hae been waar, ere wis nae doot it wis broken doon
Although bits o't were gweed, maist o't wis deid, an it selt for jist half a croon
Er wis sax layin hens, twa Shelties in pens, an dizins o' peats for e fire
Bit aal Jocky's caie were shargert forbye, so nae muckle wis made fae es byre.

An aal feedin ring, some bitties o' string, a besom a graip an a sned
A baler ye'd say hid seen better days an stray bales for e nowt's bed.
At e front o' e crood e keen bidders stood, an neen wis keener than Nan
It wis easy te see she wis on a spree, aye first te stick up er han.

They went inside fae e rain for te hide, es kettle wis first te be selt
Es washin machine wis bonny an clean, niver used well aat's fit I wis telt.
E livin room wid be last an aa wid be past so they went te e bedroom instead
Ae thing didna sell, it hid a queer smell, e chantie fae under es bed.

An syne in e hoose, e roup wis let loose, dinin table an aal ermcheer
A basket o' tools, a couple o' stools an e carpets an rugs fae e fleer.
Aathing wis taen, nae even a preen wis left bit they hid a last lookie
E Unctioneers gavel went back in es case an e clerk put awa es wee beukie.

Bit Nan wisna daen, it hid feenished ower seen, she spoke in e Unctioneer's lug
He opened es case an stared inte space, an gave es wee beardie a rug.
"Last item for sale, homo sapien male, wi' a fair bit o' milage aat's on it.
Niver muckle at skweel bit presented richt weel, an tidy under e bonnet"

Up ae han gid ere wis only ae bid, fae up at e front it wis Nan
She cried "twinty poun here" e crood gave a cheer, She'd finally landed her man.
Oot shouted oor Jock fa likit a joke "aat's an afa siller te spen
If ye'd waited a file for e biddin te cwile, ye micht jist hae got ma for ten."

Fin ab'dy went hame te far they aa came jist left wis oor Jocky an Nan
He gid doon on ae knee and said "Please merry me, I'm hopin yer wintin a man"
Nan jist said "Aye" she wis quick te reply, "I think we'd be happy igither
Ye'll suit ma jist fine bit ye fair took yer time, still better later than niver"

E pair they were merriet, ower e threshold Jock cerriet, e wifie he noo ca's es bride
In their craftie sae neat wi' their unction receipt tae e ein o' their lives for te bide.

UNION STREET

Oh Union Street, Oh Union Street ye're sic a sorry sicht
Ye eest te be as bricht as day ye're noo as dull as nicht,
Ye're granite fronts and planestanes cwid tell a lot o' tales
O far we hid oor denner or bargains at e sales.

Ye've stood as sentry ower e toon an tholed e North Sea blast
Ye're wutness te oor trachle in e present an e past,
For centuries ye've been e hub o commerce and o trade
Ye're lookin dern an weariet, its sair te watch ye fade.

Fin North Sea ile came te e toon ye lookit braw an swanky
Bit noo ye're sic a sotter ye're lookin tired an manky,
Fitiver happened te e siller at slippit throw yer hands
Er's nae sign o't in e toon it's gone te ither lands.

Mony men for greed o' siller hiv cut ye te e bane
Te gar ye stan an wutness e rape o Aiberdeen.

WULLIE FINDS A WIFE

Wullie Reid wis sixty five he'd led a simple life
He thocht aat he wid tak e plunge and find himsel a wife,
He turned up at e dancin at e village hall
Bit lookin' at e crowd inside he kent he wis ower aal.

E only wifie o' his age hid teeth jist like a rabbit
Fin Wullie tried te spik te her, her menner wis gey crabbit,
Although she wis an afa girn she said her name wis Ivy
An he cwid visit ony time her hoosie oot by Fyvie.

E thocht o spendin life wi her jist seemed a bit like hell
So Wullie he surmised aat he'd be better aff himsel.
An advert in e local press he thocht aat he wid try
'Country man wants company and maybe mair forbye'

E first reply she wis ower aal she cwid hae been his mither
Wi' nae as much as twa brass beans aat she cwid rub igither,
Syne Wullie sent his photie te a wifie in Dunoon
Her letter back hid jist ae line 'Ye're nae a bonny loon'

E neist move wis an agency fa tried te get a match
E details Wullie gave them made them think he wis a catch,
He went oot te meet a quine bit thocht aat he wis cursed
She took aff like a rocket, she wisna seen for dust.

He tried te date a bonny quine aat workit in e bank
She didna suit oor Wullie, she neither smoked nor drank,
Syne Wullie saa an advert in e local press,
Sayin 'Woman wants companionship, reply to this address'

Wullie wrote his letter and syne got his reply,
'Ye're welcome here at my place, come roon an hae yer fly'
Wullie wis excited like he'd niver been afore
He cwidna wait te find oot fit wid be in store.

He hid a bath, man fit a waste, he'd jist hid ane last wik
He even used his eftershave aat micht dae e trick,
I canna over estimate e lengths aat Wullie went
His teeth were soakit overnicht alang wi Steradent.

He even changed his semmit and pressed his suit and sark
He cwidna wait till mornin fin he got up wi' e lark.
Fin he arrived at e hoose he gave e door a knock,
An' Ivy fae Fyvie she appeared michty fit a shock.

Wullie recognised e quine aat hid girned at e dance
Bit fin he smelt e hame made scones he thocht he'd tak e chance,
She made his fly and fed him weel wi plenty o hame bakes
Wullie fair enjoyed e feed, an polished aff e cakes.

E wifie treated him richt weel, bit michty fit a nag
Wullie sat wi belly fou an lichted up a fag,
E couple are noo merried Wullie an Ivy Reid
She promised te look efter him until e day he deid.

She washes cooks and cleans for him an michty fit a baker
An Wullie's sic a happy man he says he'll nae forsake her,
Fae early in e mornin, she nags an girns awa
Her tongue it must get unco tired it niver reests at aa.

Noo Wullie's taen e batteries oot o 's hearin aid
He's happy an' contented, niver hears a word she's said.

WULLIE'S DANCE

Wullie wis a bobby he worked e Elgin patch
He wis blessed wi twa big feet bit nae a brain te match,
He wisna jist e quickest in action or in thocht
Bit mony hiv regretted that wi' him they iver focht.

Fin Wullie made his first arrest he thocht that he'd deen weel
Bit efter e enquiry he looked a bittie feel,
He nabbed a mannie in e skweel he thocht he wis a crook
Bit it wis jist e Dominie fa came back for a book.

Noo Jocky Gibb e fermer, he wis a gey aal stager
Contested Wullie's speedin fine, file on ees Fordson Major,
He got an expert in e coort, a trusted Motor Tester
Fa said e major wis ower slow a man cwid walk much fester.

Ae day oor Wullie hid e flu an foonert on e beat
He went inti e local pub jist te hae a seat,
E barman said "come throw e hoose, I'll gie ye medication"
Wullie thocht he'd gie't a try, he hid nae hesitation.

Ivery kine o alcohol went in e barman's jug
He shook it up and poored it oot inti a half pint mug,
He said that symptoms disappear efter jist ae dose
Bit fit's e chance o symptoms fin ye're comotose.

Wullie dooned e drink richt fest and started lookin happy
He syne said "michty aat wis fine, I'll hae anither drappie"
He hid twa mair o e same, e's drouth it wis jist tireless
An syne he heard a message comin throw ees wireless.

E traffic lichts were broken an hid suffered lack o function
Wullie hid been summoned te control e busy junction,
Wullie stotted on e square, wi an awkward prance
He'd nae coordination bit e thocht aat he cwid dance.

At first he did a Tango an syne a Passadoble
His airms were flailin aawye and ees legs were unco wobbly,
Efter a St. Bernards Waltz he danced an Eichtsome reel
Accompanied wi passers by some bairns fae e skweel.

Bit Wullie's galluses syne snapped an got 'im in a fankle
Ees briks went doon wi gravity an landed at ees ankles,
Wullie trippit ower ees briks an syne wis seein stars
E crood were aa in stitches fin they spied ees flooery drawers.

Traffic wis at a standstill, they didna wint te go
Enjoyin e performance o Wullie's one man show
E Polis van arrived an he wis cowpit in e back
E Inspector he said "Michty me Wullie's fair mirac"

Noo Discipline's important in Police work as a rule.
So Wullie got a transfer, he's noo at Tomintoul.

YER AIN FIRESIDE

There's nae a thing aat's better than yer ain comfy seat
Lookin oot e windae fin it's caal and weet,
Near eneuch e fire for getting plenty heat
There's nae a thing aat's better than yer ain comfy seat.

There's nithing that can beat yer ain fireside
Fin yer day his been fair connached aats far ye wint te bide.
An if ye're feelin dowie it's a gweed place te hide
There's nithing that can beat yer ain fireside.

There's nithing muckle better than a fine piece an a fly
Fin ye come back fae trevellin an ye've been ootbye,
In yer ain cup an made yer ain wye
There's nithing muckle better than a fine piece an a fly.

There's nithing mair gweed than a blether an a news
Te spik te freens an neipers an hear their views,
A richt gweed claik is sure te amuse
There's nithing mair gweed than a blether an a news.

It's e verra best o' feelins te crawl inte yer bed
Yer verra ain scratcher, it fairly maks ye gled,
At e ein o e day nae mair te be said
It's e verra best o' feelins te crawl inte yer bed.